KB066988

네트워크 비즈니스의
객관적 비전

부자의 5가지 비밀

FIVE SECRETS OF THE RICH

네트워크 비즈니스의 객관적 비전

부자의 5가지 비밀

송진구 지음

아름다운사회
Beautiful Society

님께

포기하지 않으면 이루어집니다.

송진구 dream

◆

여러분들 가운데에는
그럭저럭 시대에 적응해왔던 사람도 있고,
흐름을 읽지 못해 뒤처졌던 사람도 있을 것입니다.
우리 모두 안개 속 같은 매일을 살아가지만,
미래를 먼저 내다보고 새로운 기회를
거머쥐려는 사람도 있습니다.

중요한 시기를 준비하는 여러분의 노력에
이 책이 좋은 길동무가 되었으면 좋겠습니다.

◆

부자의 5가지 비밀 FIVE SECRETS OF THE RICH

네트워크 비즈니스의
객관적 비전
부자의 5가지
비밀

1장

프롤로그

모든 문제에는 원인이 있기 마련입니다.

부자가 부유해지고 가난한 사람이 빈곤에 빠지는 것에도 이유가 있습니다.

우리의 삶은 운명처럼 우연한 일의 결과가 아니라

분명하고 이유 있는 원인에서 비롯된 것입니다.

미국의 제3대 대통령이었던 토머스 제퍼슨을 기리기 위한 기념관에서 있었던 일입니다. 이 기념관의 시설 관리인들은 이상하게도 유독 이 건물만 빨리 지저분해지는 문제를 발견했습니다. 청소인력을 늘리고, 관리에 더 정성을 기울였지만 나아지는 것은 없었습니다. 결국 외부 컨설팅 업체에 용역을 의뢰하기에 이릅니다.

한동안 여러 문제를 살피던 컨설팅업체에서는 이윽고 딱 한 장의 보고서를 제출했습니다.

> "주변의 가로등을
> 다른 건물들보다 한 시간만 늦게 켤 것."

이유를 정리하면 이렇습니다. 기념관에는 유독 많은 수의 비둘기 떼가 날아들었는데, 이 평화의 상징들은 건물 여기저기에 평화의 흔적(?)을 남겼습니다.

왜 이 건물에만 비둘기가 많을까? 그것은 비둘기들이 가장 좋아하는 먹이인 거미들이 많이 살고 있었기 때문입니다.

왜 거미들이 많이 살게 되었을까? 그것은 밤이 되면 수도 없이 날아드는 포토맥 강의 나방떼 때문이었습니다.

그리하여, 기념관을 비추는 조명의 점등 시간을 늦추면, 나방떼가 줄어들고 나방떼를 먹이로 삼는 거미가 줄어들고, 거미를 먹이로 삼는 비둘기 역시 줄어들게 될 것이라는 합리적인 결론에 도달하게 됩니다.

과연 점등 시간을 늦추자, 비둘기의 배설물이 현저히 줄어들면서 관리인들은 시름을 덜게 되었습니다.

이렇듯 모든 문제에는 원인이 있기 마련입니다. 부자가 부유해지고 가난한 사람이 빈곤에 빠지는 것에도 이유가 있습니다. 우리의 삶은 운명처럼 우연한 일의 결과가 아니라 분명하고 이유 있는 원인에서 비롯된 것입니다.

필자의 특강 주제는 매년 수정되는데 현재 진행하고 있는 주제는 12가지입니다.

송진구 교수 강의 TOP 12 주제별 안내

목차	강의 영역	강의 제목
1	리더십	명품리더의 조건
2	치유, 힐링	산티아고의 노란 화살표 (인생길 완주의 9가지 원칙)
3	부자학	부자의 5가지 비밀
4	성공학	성공의 6원칙
5	소통관리	소통의 조건과 방법
6	위기관리, 변화관리	위기를 극복하는 4가지 조건
7	전략관리 (일류)	일류기업의 5가지 원칙
8	전략관리 (인문학)	36계 경영전략 (고전인문학 특강)
9	조직관리	복제의 기술 (6감 6고)
10	동기부여	The 희망
11	네트워크	네트워크(MLM) 필승전략 - 業의 本質을 찾아라
12	리더십	선택의 기술

유튜브의 강의 동영상 조회수를 살펴보면 대략 수백만건이 넘는데, 그 중에서도 한 가지 주제가 유독 인기가 있는 것이 바로 이 책에서 다룰 '부자들의 5가지 비밀'이 그것입니다.

이 주제는 과거 KBS 아침마당에서 방송되었던 것이기도 한데, 일단 은퇴 이후의 노후에 대한 고민에서부터 시작됩니다. 준비하지 않으면 비참해 질 수도 있는 미래의 문제를 살펴보면서 우리의 삶을 바꿀 수 있는 방법, 여러분이 여유 있는 노후를 보낼 수 있는 방법을 구체적으로 제시해 보도록 하겠습니다.

사람들은 왜 미래를 준비하지 않을까?

나레이션 : 이제 50대지만 앞으로 남은 노년의 세월은 가혹할 만큼 깁니다. 권씨는 젊은 부모들에게 꼭 하고 싶은 말이 있다고 합니다.

권모씨 : "노후대책이라는 불을 켜 놓고, 그것만 봐라. 내가 저 불을 갖기 위해서는 노후대책을 위해서 젊어서 일을 해야 한다. 자녀를 위해서가 아닌 그 때는 그때야말로 누구의 엄마도 아닌, 누구의 와이프도 아닌 나를 위해서, 늙은 초라하고 누추한 내가 아니라 그래도 먹고 싶은 것은 사 먹을 수 있는 정도의 노인네가 되어야 되지 않겠느냐. 그게 지금은 뼈아프게 느껴지지 못할 거예요. 그런데 그건 반드시 오는 거거든. 그런데 난 이렇게 도적처럼 빨리 찾아올 줄 몰랐어. 나 이렇게 빨리 노후라는 것이 이렇게 빨리 찾아올 줄은 몰랐어요."

이것은 SBS 시사교양프로그램 [그것이 알고 싶다]에서 방영되었던 실제의 인터뷰 내용입니다. 인터뷰의 주인공인 50대의 여성은 젊은 시절 자녀를 해외에 연수 보내고, 하고 싶다는 것이라면 뭐든지 들어 줄만큼 여유 있는 삶을 누렸다고 합니다. 하지만, 정작 자신의 노후 준비에는 소홀히 할 수밖에 없었고, 결국 통장에 1,2 만원조차 없는 처지가 되고 말았다고 합니다.

이 프로그램에서는 더 씁쓸한 인터뷰도 담고 있습니다. 경제적 능력이 없는 50대 초반의 젊은 엄마가 부담스럽다는 30대의 한 주부는 어머니의 건강을 염려하는 것이 아니라, 장차 어머니에게 들어갈 병원비를 걱정하고 있었습니다. 따지고 보면, 자식들이 꼭 불효자라서가 아니라 그들도 그들의 부모처럼 자녀 교육에 많은 비용을 지출하느라 부모를 부양할 여력이 없기 때문이기도 합니다.

관성의 법칙

하지만, 노후는 도적처럼 찾아온 것이 아닙니다. 누구나 노후를 맞게 되리라는 것은 너무나 자명한 이치이기 때문입니다. 게다가 여러분이 매일 보는 뉴스와 강연들, 주변 사람들의 이야기들… '아, 미리 준비하지 않으면, 저렇게 될 수도 있겠구나…' 충분히 예상할 수 있는 사실임에도 불구하고 노후를 대비하지 않는 사람들이 여전히 많습니다. 어떤 사람들은 준비하고, 어떤 사람들은 준비하지 않고, 똑같이 늙어가는 사람들인데 왜 이렇게 다른 선택을 하는 것일까요?

이것은 뉴턴의 운동 법칙 가운데 '관성의 법칙'에 비유할 수 있습니다. 가령 어떤 물건을 테이블 위에 두었을 때, 외부에서 힘이 가해지지 않으면 그 물건은 정지된 상태를 유지합니다. 그런가하면 움직이는 물체, 이를테면 지구가 태양을 돌 때 또 다른 행성이 지구와 충돌하지 않는 한 등속운동을 그대로 유지하게 됩니다. 이것이 바로 관성의 법칙입니다.

그런데, 이런 이치는 사람에게도 똑같이 적용됩니다. 늘 멈춰 있는 사람들은 노후를 준비해야 하고 미래를 위해 열심히 일을 해야 한다는 이야기를 들어도 마치 자신과는 상관없는 이야기처럼 무시해 버립니다. 반면 매사에 적극적인 사람들은 평소와 마찬가지로 미래를 대비하는데 도움이 될 만한 내용을 먼저 찾아보려는 성향을 보입니다. 두 경우 모두 원래 자신이 가지고 있던 관성대로 반응한 결과입니다.

부는 2년 이내 다시 원위치

유녕한 석유재벌 폴 게티라는 사람이 재미있는 법칙을 주장했습니다. 우선, 특정한 집단을 정해 놓고 양해를 구한 뒤, 가진 돈을 모두 거둬들인 다음 n분의 1로 똑같이 나눠줬습니다. 실험 집단 안에 속한 사람들의 빈부의 차이를 없애버린 것입니다.

그런데, 얼마 뒤 원래 부자는 다시 부자가 되고 원래 가난했던 사람들은 다시 가난해졌다고 합니다. 이렇게 원위치 되는 데는 2년의 시간이 안 걸렸다고 합니다.

왜 일까요? 부자는 다시 부자가 될 일을 하고, 가난한 사람은 다시 가난하게 될 일을 했기 때문입니다. 이것이 바로 폴 게티의 법칙입니다. 관성의 법칙과 비슷하다고 할 수 있겠죠. 사람들의 이런 속성은 쉽게 바꾸기 어렵습니다.

네트워크 비즈니스의
객관적 비전

부자의 5가지
비밀

2장

베이비부머
세대의
현실

돈은 어디까지나 여러분의 노후를 위한 도구일 뿐입니다.

어쩌면 진정한 부자란, 돈을 벌기위해 일하는 사람이 아니라

돈이 나를 위해 일하게 만드는 사람들일지 모릅니다.

1955년부터 1963년 사이에 태어난 세대를 베이비부머 세대라고 합니다. 베이비부머는 713만 명으로 우리나라 인구의 약 15%를 차지합니다.

그런데 지금 베이비부머의 은퇴가 시작됐는데, 상당수가 별다른 준비 없이 은퇴하게 됐다는 점이 큰 문제입니다.

은퇴자들이 직장 생활 시절부터 오해하는 사실이 하나 있습니다. 여러분은 은퇴를 몇 번 한다고 생각하십니까? 흔히 한 번 한다고 생각하기 쉽지만, 은퇴는 2번에 걸쳐서 일어납니다. 이것이 은퇴에 대해 보통사람들이 가장 오해하기 쉬운 부분입니다.

은퇴는 2번에 걸쳐 일어난다

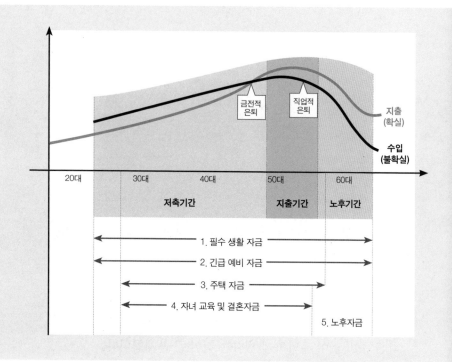

위 그래프에서 검정색 곡선은 수입을 나타냅니다. 직장에 다니는 동안에는 월급이 계속 오르기 마련입니다. 갈색 곡선은 지출을 의미하고, 일상적으로 지출하게 되는 생활비나 양육비 같은 돈의 흐름을 보여줍니다. 40대 중반까지는 쓰는 돈보다 버는 돈이 많다는 것을 알 수 있습니다.

그런데 40대 후반이 되면 이런 경향이 역전됩니다. 금전적 은퇴가 시작되는 것입니다. 주로 이때 쯤, 자녀들이 대학에 입학하고 집중적인 지출이 발생합니다. 먹을 것도 안 먹고 옷 사는 데도 아끼고, 오직 자녀들을 위해서 헌신하는 우리나라 부모답게 최선을 다합니다.

그러는 사이, 정작 자신의 노후를 준비할 시기는 놓치게 됩니다. 좀 더 자세히 살펴봅시다. 필수생활자금, 긴급예비자금, 주택자금, 자녀 결혼자금 등등… 자녀 1명을 교육시키는 데 드는 비용이 모두 3억 1천만 원이나 든다고 합니다. 자녀들이 결혼 할 때 예식장 식사비와 꽃값만 5천만 원이 들고, 총 결혼비용으로 모두 2억 정도가 든다고 하니 기가 막힐 노릇입니다. 애 하나 낳으면, 교육 시키는 데 3억 1천만 원, 결혼 시킬 때 드는 비용이 2억 원, 모두 5억 원이 든다는 말이죠. 실감이 나지 않을 만큼 큰돈인데, 예를 들어 직장인이 한 달에 100만원 씩 모아서 40년을 저축해도 4억 8천만 원 밖에 되지 않습니다.

노후자금 얼마나 필요한가

은행 금리는 점점 낮아지면서 마이너스 금리 시대로 가고 있습니다. 일본과 유로존의 나라들은 이미 마이너스 금리를 도입했습니다. 은행에 예금을 하면 이자를 받는 것이 아니라 거꾸로 보관비를 내야 하는 시대가 된 것입니다. 예전 같으면 상상도 못할 일입니다.

자녀 교육시키고, 결혼시키고, 정작 자신의 노후 준비는 될 대로 되라는 식이니 나중에 문제가 생길 수밖에 없습니다. 노후를 예측하지 못해서 고통 받는다고 하지만, 실은 충분히 예측 가능한 일이었습니다. 애써 그것을 외면했을 뿐입니다. 노후는 결코 도적처럼 오는 것이 아닙니다. 예정된 대로 오는 것입니다. 세상 어느 누구도 늙지 않는 사람은 없습니다.

55세 가장이 지금 당장 은퇴를 했다고 칩시다. 남은 삶을 살아가는데 얼마만큼의 돈이 들까요? 직장인들을 상대로 물어보았더니 2~3억 정도가 든다고 대답한 사람이 가장 많았습니다.

그런데, 의학기술이 발달로 인해 기대수명이 90세, 100세에 이를 날이 멀지 않았습니다. 옛날에는 오래 사는 것이 복이었지만, 노후를 걱정하는 상황에서는 재앙이 되어 버린 셈입니다.

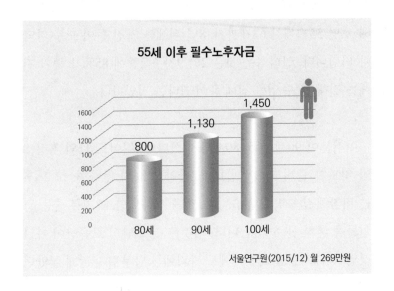

실제로 노후 자금이 얼마나 들지를 한 번 계산해 봅시다. 55세부터 80세까지 사는 데 8억원이 들어갑니다. 55세부터 90세까지 사는데 11억 3천만 원이 들어갑니다. 55세부터 100세까지 사는 데는 14억 5천만 원이 들어갑니다.

이 자료를 보고 여러분은 놀라시겠지만 이것이 현실입니다. 2015년 12월 서울연구원이 발간한 '서울시민의 삶과 복지실태' 연구보고서에 따르면 서울시 적정생활비 평균은 2인 가구 기준으로 한 달에 269만원 지출하는 기준입니다.

그런데 우리나라의 50대가 평균적으로 가지고 있는 돈은 2억 9천 6백만 원밖에 안됩니다. 가지고 있는 돈만 가지고 계산해 보면 55세에서 63세까지, 8년 뒤에는 가진 돈이 모두 바닥나 버립니다. 안타까운 것은 2억 9천 6백중에 85%가 죽기 전에는 절대 팔 수 없는 집에 묶여 있다는 점입니다.

여러분이 90세 혹은 80세까지 산다면, 적어도 11억 혹은 8억 정도가 준비되어야 합니다. 만약 그렇지 않다면, 그 노후는 비참해질 수밖에 없습니다. 길을 가다보면, 폐지를 줍는 노인들을 흔히 볼 수 있습니다. 이것은 결코 남의 모습만이 아닐 것입니다. 그분들 가운데에도 과거에는 남부럽지 않게 살았던 사람이 있고, 자신들의 노후를 오직 자식에만 걸었던 사람들이 많습니다. 과거의 사회보장제도는 아버지가 할아버지를 부양하고, 아들이 아버지를 부양하는 형태로 이어져 왔기 때문입니다.

하지만, 이제 여러분이 은퇴할 시점에 이르러서 이런 룰이 깨져버리고 맙니다. 앞서 살펴본 SBS프로그램의 인터뷰 내용은 이런 사정을 잘 보여주고 있습니다. 설령 자식이 나를 부양하지 못하더라도 섭섭해 할 수 없는 그런 시대가 된 것입니다.

반드시 망하는 국민연금의 진실

가족 간의 부양제도를 대신하는 것 가운데 하나로 국민연금 제도를 들 수 있습니다. 실제로 많은 사람들에게 노후준비를 어떻게 하고 있냐고 물으면, 55%의 사람들이 국민연금을 대비책으로 꼽고 있습니다.

노후 준비방법(19세 이상 가구주)

(단위: %)

	계	준비하고 있음	소계	국민연금	기타1) 공적연금	사적연금	퇴직급여	예금적금	부동산운용	기타2)	준비하고 있지 않음	소계	아직생각안함	앞으로 준비할 계획	준비능력없음	자녀에게 의탁
2013년	100.0	72.9	100.0	52.5	7.8	11.3	4.6	17.4	5.3	1.0	27.1	100.0	8.8	24.0	49.7	17.4
2015년	100.0	72.6	100.0	55.1	8.5	9.0	3.9	17.7	5.2	0.6	27.4	100.0	10.1	25.7	49.9	14.4
도시(동부)	100.0	74.3	100.0	56.1	8.6	8.9	3.8	17.1	4.9	0.6	25.7	100.0	10.9	26.2	49.5	13.4
농어촌(읍면부)	100.0	64.9	100.0	49.6	8.3	9.3	4.4	21.0	6.6	0.7	35.1	100.0	7.1	23.8	51.3	17.9
남 자	100.0	78.7	100.0	56.1	9.1	8.5	4.4	16.3	5.1	0.6	21.3	100.0	11.0	31.6	48.6	8.8
여 자	100.0	55.1	100.0	50.8	6.4	11.0	2.2	23.5	5.6	0.5	44.9	100.0	8.8	17.6	51.6	22.0
19~29세	100.0	56.8	100.0	65.3	4.9	5.8	2.7	20.8	0.4	0.2	43.2	100.0	44.4	39.9	15.4	0.2
30~39세	100.0	86.0	100.0	58.9	6.9	11.4	3.8	16.7	1.7	0.6	14.0	100.0	22.0	57.8	19.7	0.5
40~49세	100.0	83.8	100.0	59.9	8.0	10.2	4.3	14.2	2.8	0.5	15.2	100.0	9.9	48.1	41.5	0.5
50~59세	100.0	79.4	100.0	61.9	7.9	8.0	3.2	14.8	3.8	0.4	20.6	100.0	7.5	35.0	55.9	1.6
60세 이상	100.0	56.1	100.0	38.3	11.6	7.4	4.7	24.5	12.4	1.1	43.9	100.0	3.3	9.2	60.5	27.0

주: 1) 공무원연금, 군인연금, 사립학교 교직원 연금 등
　　2) '주식, 채권 등' 포함

(자료 = 통계청)

그런데 필자가 15년 전부터 강의 할 때마다 늘 강조해 왔던 것이 국민연금은 반드시 망한다는 이야기입니다. 국민연금 제도는 구조적으로 망할 수밖에 없습니다. 베이비부머 세대의 막내 또래라고 할 수 있는 63년 생 같은 경우에는 한 가정마다 5.6명을 낳았습니다. 그 5.6명이 부모세대 2명을 부양해 왔습니다. 그런데 현재 우리나라의 출산율은 1.08명으로 세계 최고

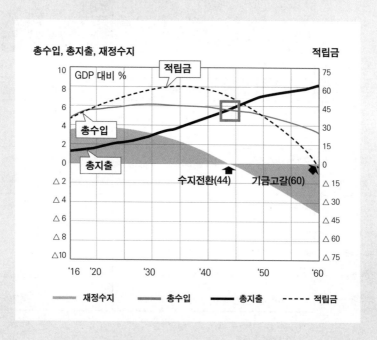

국민연금 재정수지 및 적립금 전망 (자료=기재부)

의 저 출산 국가가 되었습니다. 앞으로 한명이 내는 국민연금으로 대여섯 명을 부양해야 한다는 계산이 나오는데, 이것이 가능한 일일까요? 이것은 단지 제 주장이 아니고 이미 정부에서도 이런 상황에 대해서 인정하고 다음과 같은 데이터를 내놓았습니다.

이 그래프를 보면 총지출선(연금을 타가는 돈)이 총수입선(연금을 내는 돈)보다 많아지는 시점이 표시되어 있습니다. 즉 2044년이 되면, 국민연금의 재정이 흑자에서 적자로 전환되고 이 상황이 가속화되면서 결국 적립금이 바닥나게 되는 것입니다. 열심히 연금을 불입한 사람들에게는 억울한 일이겠지만, 국민연금이 고갈되는 것은 구조적으로 어쩔 수 없습니다. 다시 한 번 말하지만, 자녀들이 여러분을 부양하는 것도 국가가 여러분을 부양하는 것도 현실적으로 어려운 일입니다. 여러분의 노후를 부양해야 할 수 있는 것은 이제 여러분 자신 밖에 없습니다.

베이비부머 세대의 현실

지금 준비하지 않으면 늦는다

　모든 일에는 때가 있습니다. 여러분이 만약 노후를 준비해야 한다면, 당장 지금부터 준비해야 합니다. 직장을 그만두기전에 미리 준비해 놓지 않으면, 막상 현실적인 압박 속에서 새로운 시도를 하는 것은 쉽지 않기 때문입니다. 나중은 없으며, 그때는 이미 늦습니다.

　돈 들어갈 때는 많고, 돈이 더 나올 때는 없어서 직장생활을하면서도 대리운전에 뛰어드는 가장들이 있습니다. 그런데 이렇게 대리운전 하시는 분들과 대화를 나눠보면, 의외로 부인이 전업주부인 경우가 꽤 있습니다. 저간의 사정이야 물론 있겠지만, 어렵사리 가계를 꾸려나가는 문제를 가장에게만 맡기는 것은 문제가 있다고 봅니다. 백지장도 맞들면 낫다는 말이 있듯이 부인도 남편과 함께 무어라도 준비하는 것이 책임감 있는 배우자의 모습이 아닐까요? 나아가 여유로운 삶을 꿈꾸고, 부자가 되고 싶다면 부부간의 협조는 필수적입니다.

　은퇴 후에도 일주일에 두 번 골프 라운드를 하고, 매일 헬스장에서 건강관리를 하면서 어떻게 하면 세금을 덜 낼까 고민

하는 사람들, 게다가 자녀 둘 중의 하나는 미국시민권자가 되어있다면 나름대로 성공적인 노후라고 할 것입니다.

하지만, 이런 사람들도 자신을 부자라고 생각하느냐고 물으면, 대개 아니라고 답변합니다. 100억을 가진 이에게 물으면 200억이 있어야 부자라고 하고, 200억 가진 이에게 물으면 400억, 심지어 천억이 있는 사람에게 물어보아도 이천 억은 있어야 부자라고 대답합니다.

이것은 '쾌락의 쳇바퀴'라는 이론으로 설명됩니다. 가령 천만 원이 생겼다면 그 기쁨은 3개월 동안 유지된다고 합니다. 그런데 10억 생겼다고 하더라도 똑같이 3개월 동안만 기쁨이 유지된다는 것입니다. 아무리 큰 액수의 돈이라도 3개월 이상은 기쁨을 줄 수 없기 때문에 더 큰 기쁨을 얻으려면 반드시 새로운 돈이 필요해 진다는 원리입니다. 수 조 원을 가진 재벌들이 재산 때문에 형제끼리 다툼하는 것을 보면 이런 원리가 왜 설득력 있는 것인지를 쉽게 이해 할 수 있게 됩니다.

행복한 부자가 되기 위해서는 돈 액수 이상의 문제에도 관심을 두어야 합니다. 돈은 어디까지나 여러분의 노후를 위한 도구일 뿐이기 때문입니다. 어쩌면 진정한 부자란, 돈을 벌기

위해 일하는 사람이 아니라 돈이 나를 위해 일하게 만드는 사
람들일지 모릅니다.

등록된 매입임대사업자 및 보유주택수 현황

시도별	사업자수	주택수	개인사업자수			법인사업자	최다보유자		최소연령자	
			소계	남자(A)	여자(B)		연령	주택수	연령	주택수
서울	32,719	127,370	32,400	15,488	16,912	319	45	499	10	1
부산	7,785	52,799	7,685	3,186	4,499	100	62	213	19	56
대구	1,526	6,878	1,486	700	786	40	50	70	20	1
인천	4,161	15,873	4,114	2,078	2,036	47	54	208	16	2
광주	1,922	23,393	1,744	782	962	178	63	2,312	24	2
대전	2,984	14,194	2,929	1,370	1,559	55	55	118	21	1
울산	1,107	6,524	1,092	589	503	15	50	67	26	2
세종	268	1,524	260	117	143	8	64	81	25	2
경기	25,211	119,806	24,848	12,237	12,611	363	50	726	7	1
강원	1,021	5,051	1,014	450	564	7	59	79	23	1
충북	1,964	16,911	1,886	814	1,072	78	49	240	22	3
충남	3,643	25,729	3,558	1,592	1,966	85	49	287	18	5
전북	1,620	11,123	1,564	718	846	56	55	253	21	1
전남	1,584	10,384	1,506	720	786	78	65	389	5	1
경북	1,444	10,706	1,390	710	680	54	45	54	22	2
경남	2,723	18,063	2,525	1,186	1,339	198	57	213	23	4
제주	514	3,182	496	228	268	18	56	332	23	1
합계	92,196	469,510	90,497	42,965	47,532	1,699	54	363	19	5

자료제공 = 김희국 국회의원실

이 자료를 보면 63세의 나이에 2,312채의 집을 가진 부자가 있습니다. 전남에는 다섯 살짜리 아이가 경기도에는 열 살짜리 아이가 집을 갖고 있습니다. 이 사람들이나 이 아이들의 부모는 모두 부자가 맞겠지만, 사실 어디까지나 '유효기간'이 명백한 부자들입니다. 예컨대 우리가 가진 돈으로 3년을 살 수 있다면, 3년 동안은 부자라고 할 수 있는 것이고, 3개월을 살 수 있다면 3개월짜리 부자라고 할 수 있습니다. 단언컨대 진정한 부자라면 이런 기한의 제약이 없는 부자, 나아가 일을 하지 않아도 지속적으로 수익이 생겨나는 수입원을 가지고 있어야 하지 않을까요?

부자들에게는 몇 가지 특징이 있습니다.

우선 돈을 쓰는 것보다 모으는 것을 즐깁니다. 이것은 미래에 대한 분명한 목표를 가지고 있기 때문입니다.

부자들은 공짜 밥을 사지 않습니다. 평범한 사람들이 밥값을 서로 내겠다고 인사치레하는 것과는 대조적입니다.

부자들은 다른 사람의 조언을 귀담아 듣습니다. 어떤 정보가 자신의 꿈을 이루는 데 기여할 것인지 집요하게 관심을 갖습니다. 부동산 부자들이 일하지 않아도 안정적인 임대료 수입을 얻을 수 있는 것은 항상 투자정보에 귀 기울이고 관심을 게을리 하지 않았기 때문입니다.

　여러분 역시 새로운 사업정보에 귀를 기울이고 관심을 가진다면, 많은 부동산을 소유한 사람들처럼 지속적이고 안정적인 수입원을 얻을 수 있습니다.

　네트워크 마케팅은 유통 사업이면서 자신의 노력에 대해 분명하게 보상받는 구조로 운영됩니다. 독립적인 사업인 동시에 필요할 때마다 회사와 다른 사업자들의 도움을 받을 수도 있습니다. 나아가 직접 일을 하지 않더라도 권리소득이 주어지고 그 권리를 자녀에게 상속하는 것까지 가능합니다.

3장

어떻게 하면
부자가 될까

여러분이 지금까지 살아오면서 돈으로부터의 자유를 얻기 위해

자신의 전부를 걸고 도전한 적이 있었던지 자문해 보십시오.

그런 도전을 하지 않았다면 자유롭지 못한 것은 여러분 자신에서 비롯된 문제입니다.

새로운 시도를 하지 않는다면 여러분의 내일도 오늘과 언제나 똑같을 것입니다.

이제부터 여러분을 진정한 부자로 만들어 줄 수 있는 부자들의 다섯 가지 비밀을 이야기 하도록 하겠습니다. 제가 하는 강의의 대부분은 듣는 사람들이 이해하고 외우기 쉽도록 구성되었습니다.

여기서 다룰 이야기들도 첫 글자를 따면 '돈도 보인다'라는 오행시가 되고, 누구나 쉽게 기억할 수 있습니다.

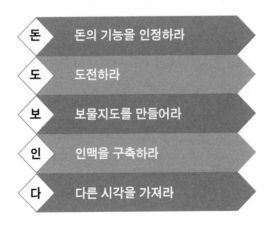

돈	돈의 기능을 인정하라
도	도전하라
보	보물지도를 만들어라
인	인맥을 구축하라
다	다른 시각을 가져라

1. 돈의 기능을 인정하라

　부자들은 돈의 기능을 분명하게 인정합니다. 그런데, 우리나라 사람 가운데에는 돈의 기능을 애써 부정하려는 사람들이 꽤 많습니다. 돈에 대한 이중적 태도가 아주 심한 편이라서 자녀들에게 돈은 더러운 것이라고 가르치기도 합니다. 이것은 자녀를 속이는 것이나 마찬가지입니다. 가난하면 청렴한 것처럼 이야기하는 사람일수록, 실제로는 돈 때문에 별별 좋지 못한 일도 마다하지 않는 경우를 심심치 않게 볼 수 있습니다. 이런 이중적인 태도를 버리지 않는다면 부자가 되기 어렵습니다.

돈에 관한 이중성

조선일보 한국갤럽(10개국 5,190명 조사)

행복과 돈은 관계 있다 - 93% (한국 1위)

부자는 나쁜 짓 해서 된 것 - 57% (한국 10위)

청년은 집값 오를까 걱정, 부모는 떨어질까 걱정

돈은 좋은데 정말 좋은데 … 돈 번 인간은 싫어

이 내용은 한국갤럽에서 10개 나라 5,190명을 대상으로 설문조사한 결과입니다. 돈은 행복과 관련 있다는 질문에 가장 그렇다고 대답한 나라가 한국, 부자들은 어떤 사람들인가 하는 질문에 가장 부정적으로 대답한 나라 또한 한국, 쉽사리 이해하기 어려운 결과입니다. 돈은 행복을 준다고 하면서도 부자는 나쁜 사람이라는 것이죠. 돈은 좋은데, 정말 좋은데, 네가 가진 돈은 나쁘고 내가 가진 돈만 좋다고 생각하는 모순, 이것이 바로 우리나라 사람들의 돈에 관한 이중성입니다.

돈이 없어서 곤란을 겪는 경우는 너무나도 많습니다. 아파도 병원에 못가는 경우도 있고, 공부를 하고 싶어도 대학에 못가는 경우도 있습니다.

날씨 선선한 날 동네 슈퍼 앞에서 할 일없이 맥주나 마시면서 새벽까지 열심히 토론하는 사람들의 이야기를 들어보면, 지구온난화, 남북문제 같은 거창한 이야기가 대부분입니다. 부자들은 그렇지 않습니다. 돈에 대해 이중적이지 않습니다. 돈은 애인과도 같습니다. 사랑을 고백하지 않으면 곁에 머물지 않는 연인처럼, 돈 역시 분명하게 인정해 주지 않으면 여러분과 함께 하지 않을 것입니다.

자유와 권력

돈은 우리 삶에서 매우 중요한 두 가지 요소를 부여합니다.

첫째, 돈은 우리에게 자유를 줍니다.

직장에 다니는 남편이 술에 취해 밤늦게 귀가하는 일이 잦
아지면, 흔히 부부싸움이 벌어지곤 합니다. 아내는 영문도 모
른 채 바가지를 긁습니다. "당신 도대체 뭐하는 인간이야? 이
시간까지 술 퍼먹고 도대체 왜 이러고 다녀?"

그런데, 아내들은 남편이 무엇 때문에 새벽2~3시까지 술을
마시는지 곰곰이 생각해 본 적이 있을까요? 거래처와의 거래
를 성사시키기 위해, 회사 실적을 올리려고 마시는 것입니다.
거래를 성사시키지 않으면 회사에서 짤리니까요. 처자식을 먹
여 살리기 위해, 꼴 보기 싫은 직장상사가 버티고 있는 직장에
나가서 아침 일찍부터 밤늦게까지 넥타이를 매고 끌려 다니는
것입니다. 돈이 없기 때문에 돈에 끌려 다니는 것입니다.

돈으로부터 완전한 자유를 얻은 부자들은 좋아하지도 않는
사람들과 새벽까지 술 마실 필요가 없습니다. 내가 원하는 시
간에, 내가 좋아하는 장소에서, 내가 좋아하는 사람과, 내가 좋

아하는 안주를 곁들여 술을 마십니다. 이것이 바로 돈이 주는 자유입니다. 인정하기 싫더라도 돈이 없으면 자유를 잃게 되고 평생을 돈의 노예로 살 수밖에 없는 것이 현실입니다.

둘째, 돈은 우리에게 권력을 줍니다.

가령 누군가 5천억 원이 있다고 가정해 봅시다. 그리고 어느 날 지인들과 저녁식사를 하면서,

"나, 이번에 땅 좀 사려고 그래."

그러면 지인들이

"어디에요?"

"태안 만리포에다."

사람들은 이 얘기를 듣고 어떻게 할까요? '나도 얼른 가야지!' 그러면서 있는 돈에 대출까지 받아서 만리포로 달려 갈 것입니다.

그런데 또 다른 누군가의 전 재산이 5천 원이라고 칩시다. 마찬가지로 친구들과 밥을 먹다가, 똑 같이 땅을 사러간다고 말했다고 한다면, 사람들이 뭐라고 그럴까요? 비웃죠, "너나 사라." 5천억 원이 있으면 좇아가고 5천 원이 있으면 안 좇아 가는 이유, 야박하게 보이더라도 이것이 바로 돈이 주는 권력

인 것입니다.

부자가 어느 날 갑자기 특정 주식을 사면 묻지도 따지지도 않고 따라서 삽니다. 여고 동창회에 나가보면 시집 잘 간 친구가 꼭 한 명씩 있습니다. 학창시절 공부도 제일 못했던 친구지만 과거에는 상상도 못했던 영향력과 발언권을 모임에서 누립니다. 이것이 바로 돈의 위력입니다. 뒤집어 말하면, 돈이 없으면 자유와 권력 두 가지를 모두 잃게 되는 것입니다.

자유를 얻기 위해 알을 깨고 나와라

이것은 헤르만 헤세가 쓴 [데미안]의 한 구절입니다.

"새는 알에서 나오려고 투쟁한다. 알은 세계이다. 태어나려는 자는 하나의 세계를 깨뜨려야 한다."

그렇습니다. 해묵은 세계를 깨뜨려야 새로운 세계를 볼 수 있습니다. 그런데 알을 깨는 것은 결코 쉽지 않습니다. 하지만 부자가 된 사람들은 모두 알고 있습니다. 자유를 얻고 날아오르기 위해서는 한 번은 알을 깨야만 합니다.

여러분이 지금까지 살아오면서 돈으로부터의 자유를 얻기 위해 자신의 전부를 걸고 도전한 적이 있었던지 자문해 보십시오. 그런 도전을 하지 않았다면 자유롭지 못한 것은 여러분 자신에서 비롯된 문제입니다. 새로운 시도를 하지 않는다면 여러분의 내일도 오늘과 언제나 똑같을 것입니다. 우리의 오늘을 만든 것은 모두 우리 자신입니다. 우리가 살았던 어제가 바로 오늘을 만듭니다. 우리의 내일 역시 우리가 만드는 것이며, 바로 오늘 우리가 어떻게 사느냐에 따라 결정되는 것입니다.

결국 우리에게 주어지는 기회는 바로 지금, 현재 밖에 없습니다. 오늘 새로운 결정을 내리고 껍질을 깨지 못한다면, 안타깝지만 죽을 때까지 돈의 노예가 될 수밖에 없는 것입니다.

돈으로부터 자유를 얻기 위해 어떤 행동을 했는가.

돈으로부터 자유를 얻으려면 어떻게 해야 할까요?

첫 번째로 지금 하기 싫은 일을 해야 한다는 것입니다. 대부분의 사람들이 하고 싶은 일만 하려고 합니다. 늘 하기 좋은 일을 하면서 하기 편한 일, 노후에도 그런 일을 하기를 원합니다. 하지만 그런 방법은 없습니다. 어차피 노후가 되면 하기 싫은 일을 하며 살아야 합니다. 알을 깨기가 쉽지는 않지만, 일단 깨고 나가면 여러분의 노후는 내가 하고 싶은 일만하고 하기 싫은 일은 안 해도 됩니다.

두 번째로 알을 깨고 나아가기 위해서는 돌아갈 곳을 남기지 말아야합니다. 대충하다가 포기 하는 사람들은 돌아갈 곳을 남겨두었기 때문에 성공할 수가 없는 것입니다. 성공한 사람들이라면 어떻게 했을까요? 아마 목숨을 걸고 도전했을 것입니다. 왜냐하면 부자들은 성공에 대한 목표가 분명하고 그것을 이루기 위한 절실함이 누구보다도 강한 사람들이기 때문입니다. 의외로 간단한 이 차이 때문에 안락한 노후와 비참한 노후가 엇갈리게 됩니다.

미국 속담에 이런 말이 있습니다. "돈 때문에 해야 되는 일이라면 하지 말고, 돈 때문에 하지 못하는 일이라면 무슨 수를 써서라도 해라."

또 한국 속담에는 이런 말들이 있죠. "돈만 있으면 귀신도 부릴 수 있다" "돈이면 지옥문도 연다." "돈이라면 호랑이 눈썹도 빼온다." 부자들은 돈의 기능을 인정하고 돈의 긍정적인 측면을 잘 아는 사람들입니다. '돈은 중요치 않아' 너무나 쉽게 이런 말을 하는 사람들이 있습니다. 그런 사람에게 굳이 돈이 찾아올 리는 없습니다. 어리석게도 스스로 모든 가능성을 닫아버리고 맙니다.

부자들이 첫 번째 비밀은 바로 이것입니다. 있는 그대로, 돈의 기능을 인정하십시오.

부자 비밀

| 1 | 부자는 돈의 기능을 인정한다 |

2. 도전하라

부자들은 어려운 여건을 딛고 도전하는 것을 즐깁니다. 그런데 가난한 사람들은 늘 환경을 탓하며 포기할 이유부터 찾습니다. 무슨 일이든 쉽게 포기하는 사람들은 미리 도망갈 곳을 만들어 놓는 경우가 많습니다. 반면에 부자들은 불가능해 보이는 일도 실현 가능한 것으로 바꾸려고 부단하게 노력합니다.

여러분들이 어떤 직업에 종사하더라도 앞으로 한 번의 창업은 필수적입니다. 은퇴의 시기는 점점 일러지는 반면에, 노후는 점점 길어지기 때문이죠. 어쩔 수 없는 현실입니다. 지금은 정년퇴직이 60세로 과거보다 늦춰지기는 했지만, 이것은 어디까지나 법적으로만 그렇고 실제로는 40대에 직장을 그만두게 되는 경우가 허다합니다. 그래서 대기업에서는 아예 40대 중반의 직원들을 대상으로 생애설계 같은 재취업 프로그램을 도입했습니다.

직장을 그만두고 나면 어떤 일을 시작해야 할까요? 창업 전문가의 입장에서 볼 때, 섣불리 자영업에 뛰어드는 것은 언제나 말리고 싶은 일입니다. 어차피 무언가를 해야 한다면 돈을 투자하지 않고 큰 손실을 염려하지 않아도 되는 선택을 하는 것이 바람직합니다. 노력과 시간이 들더라도 될 수 있으면 비용은 적게 투자할 수 있는 일을 선택하는 것이 좋습니다.

우리나라에는 직장을 잃은 가장이 255만 명이나 됩니다. 이것은 여섯 가구에 한 집 꼴로 아빠가 직장이 없다는 이야기입니다. 재취업을 하려고 해도 여의치 않은 경우가 많아서 할 수 없이 자영업에 발을 들여 놓습니다. 작년 한 해만 해도 58만 명의 사람들이 새로이 자영업을 시작했습니다. 사업을 시작하면서 망할 것 같다고 생각하는 사람은 한 명도 없을 것입니다. 하지만, 작년에 폐업한 자영업자의 숫자는 모두 66만 명이나 됩니다. 한 해 동안 창업한 자영업자가 58만 명인데 문 닫은 자영업자가 66만 명이니까, 새로 사업을 시작한 사람보다 사업을 접은 사람이 더 많은 셈입니다.

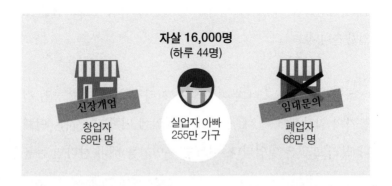

부자의 5가지 비밀

상심한 나머지 자살을 시도하는 사람들도 늘어났습니다. 우리나라에서는 매일 1,100명의 사람들이 자살을 시도합니다. 그 가운데 44명의 사람들이 실제로 자살에 성공(?)해서 하루에 44명 씩, 1년에만 모두 16,000명의 사람들이 목숨을 잃습니다. 우리나라의 자살률은 OECD국가 가운데 단연 최고입니다.

필자는 서울시에서 주관하는 자살예방 캠페인의 홍보대사인, '서울시 정신건강지킴이 17대 대사'입니다. 요즘 들어 부쩍 두드러지는 것이 사업에 실패하신 분들의 딱한 사정인데, 하나같이 이런 말을 많이 하십니다. 내가 그걸 잘못 선택했다. 자영업, 내가 그것만 안했어도 죽지는 않을 텐데. 후회하고 또 후회하다가 마포대교 난간에 서고 마는 것입니다. 한 순간의 판단 착오로 섣불리 자영업에 뛰어들었다가, 가정이 파탄 나고 주위 사람들에게까지 피해를 주는 경우는 이제 드문 일이 아닙니다. 실제로 마포대교에 가보면 자살하려는 사람들의 마음을 돌리려는 문구와 함께 상담전화까지 설치해 놓았습니다.

한 달에 100만원도 못 버는 330만 명(57%)

지방이라고 하더라도 작은 가게 하나를 시작하려면 최소 2
억 정도는 가져야 합니다. 사람들은 창업을 시작하면서 '그래
도 한 400~500만 원 정도는 벌겠지.' 하고 기대합니다. 가진
것을 모두 쏟아 붓고, 하루 종일 매장에 붙들려 있는 것을 생각
한다면 어찌 보면 당연한 희망사항처럼 보입니다.

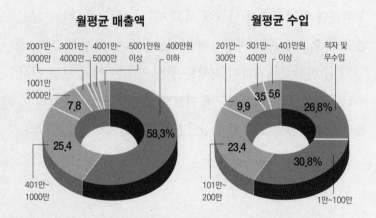

전국 소상공인 실태 조사 결과

2010년 전국 소상공인 1만69명 응답

자영업자 572만 명 (조선일보 2011년 8월 17일자)

그러나 우리나라의 자영업자 572만 명 가운데에는 한 달
에 100만 원도 못 버는 사람이 57%를 차지합니다. 아예 수입
이 없는 사람들도 무려 27%나 된다는 것을 알 수 있습니다. 사
정이 이렇다보니 섣불리 자영업에 발을 들여놓았다가, 가정
이 파탄 나고 주위 사람들에게까지 피해를 주는 경우까지 흔
히 볼 수 있습니다. 400만 원 이상 버는 사람은 5.6% 밖에 되
지 않습니다. 수많은 사람들이 이렇게 희박한 가능성을 가지
고 자영업을 시작하는 것입니다.

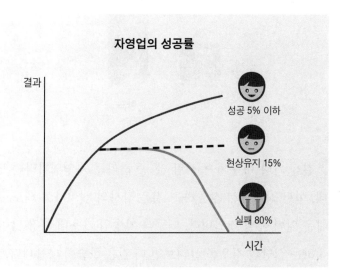

보다시피 자영업의 성공률은 5% 이하입니다. 80%는 실패

합니다. 이렇게 될 수밖에 없는 이유는 우리나라 자영업자의
비율이 세계 최고 수준이기 때문입니다.

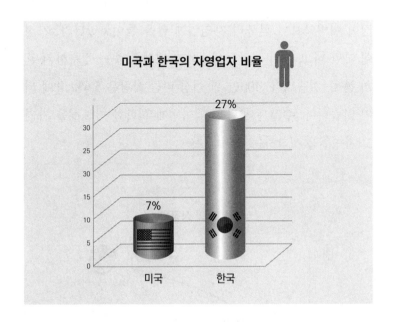

길을 가다 마주치는 사람 셋 중 하나는 자영업자라는 말인
데, 이런 상황에서 성공하는 것은 장사의 신이라고 해도 결코
쉬운 일이 아닐 것입니다. 더구나 자영업 가운데 가장 많이 선
택하는 식당의 경우를 살펴보면 더 깊은 한숨이 나옵니다.

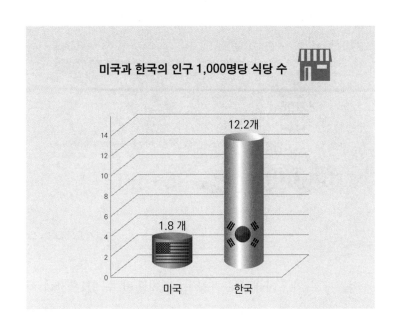

미국과 한국의 인구 1,000명당 식당 수

12.2개

1.8 개

14
12
10
8
6
4
2
0

미국   한국

했을 때 우리나라의 식당 숫자는 12개가 넘는데, 이런 수치
는 미국에 비해 6배가 넘는 것입니다. 먹는장사가 그나마 낫다
는 말은 어디까지나 식당 숫자가 적었을 때의 이야기이고, 이
제는 까마득한 옛일이 되었습니다. 가게가 망하고 생겨나기를
반복하니까 간판업만 때 아닌 호황을 누린다고 합니다.

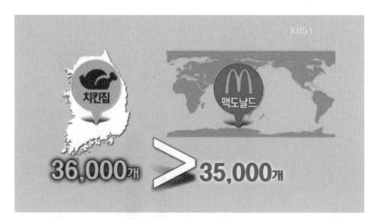

자료: KBS뉴스

먹는장사 가운데에서도 가장 쉽게 떠올릴 수 있는 것이 치킨집입니다. 그런데 세계적인 패스트푸드 체인 맥도날드의 전 세계의 매장 숫자보다 우리나라의 치킨집 숫자가 더 많다면 믿어지십니까? 우리나라 치킨집 숫자 3만 6천 개, 전 세계 맥도날드 매장 3만 5천 개.

이런 이유로 치킨집은 창업시장 가운데에서도 매일 피바람이 부는 곳이 되고 맙니다. 이 치킨집 하나를 여는데도 권리금만 4억 원이 든다고 합니다. 조금이라도 목이 좋은 가게라면 매달 임대료만 600만원입니다. 하지만 망하고 나면 사업을 정리하는 일조차 쉽지 않습니다.

장사에 경험이 없는 사람들은 멋모르고 점포를 2~3년 정도 계약 합니다. 그런데, 몇 개월 만에도 사업을 접게 되는 경우가 허다합니다. 망한 가게를 인수할 누군가가 나타나지 않는다면, 계약된 기간까지 월세와 관리비를 꼼짝없이 물어내야 합니다. 가게 들어갈 때 들인 권리금을 한 푼도 못 건지고, 임대 보증금도 다 까먹고, 그러다가 결국에는 패가망신에 이르는 것입니다. 자영업 절대로 쉽게 생각하지 마세요.

새로운 대안을 찾아라!

창업에는 2가지 법칙이 있습니다. 돈의 법칙(2배의 법칙)과 시간의 법칙(3배의 법칙)입니다.

첫째, 돈의 법칙입니다. 초기비용이 2억 원 정도 든다고 예상했을 때 실제로는 두 배의 돈, 그러니까 4억 원이 들게 됩니다. 이것이 돈의 법칙, 2배의 법칙입니다.

둘째, 사업이 안정권에 드는 시간과 관련되는 문제인데, 1년이면 충분해 보이는 업종도 막상 3년이 다 되어야 자리를 잡게 된다는 점입니다. 시간의 법칙, 3배의 법칙입니다. 초보창업자들이 이것을 몰라서 파산하는 것입니다.

이런 문제들은 여러분이 기존의 창업과는 전혀 다른 형태의 사업, 곧 네트워크 마케팅을 새로운 대안으로 고려해야 하는 중요한 이유가 됩니다. 잘 알려져 있는 사실이지만, 네트워크 마케팅은 초기 투자비용에 대한 리스크가 거의 없고, 자리를 잡을 때까지 네트워크 마케팅회사와 동료 사업자가 상당한 도움을 주기 때문입니다.

여기서 하버드 대학에서 제시하고 있는 창업의 10대 조건들을 네트워크 마케팅이 가진 특징과 매칭시켜 보도록 합시다.

먼저 첫째, 네트워크 마케팅은 자본금 낮고 투자대비 수익성이 좋습니다.

다음으로 둘째, 셋째, 넷째의 조건들을 한 데 묶어서 살펴봅시다. 네트워크 마케팅에서 주로 취급하는 상품들은 시장 수요가 많고 사람들이 모두 필요로 하는 것입니다. 따라서 중복 구매로 이어질 수 있는 소모품이 많습니다. 이 때문에 충분히 상품 유통이나 대리점 운영을 고려해 볼만 한 것들입니다.

그리고 다섯째, 여섯째, 일곱째 조건 역시 상관관계가 분명합니다. 사업을 유지할 수 있는 자생력이 있어야 한다는 점은 사업자에게 반드시 중요한 요건으로, 사람에 따라 능력이 부치거나 한다면 다른 사람의 힘을 빌릴 필요가 있습니다. 여러분이 사업을 할 때 팀워크를 이루는 스폰서와 파트너들이 그 역할을 합니다. 꾸준히 열리는 사업설명회나 미팅행사를 통해 성공인사와 친분을 쌓으며 도움을 받는 일도 얼마든지 가능합니다.

여덟째와 아홉째 조건은 오직 네트워크 마케팅에서만 누릴 수 있는 특권입니다. 삶의 질, 이상 실현, 자기 성취, 이런 차원

높은 가치를 추구할 수 있는 것은 바로 마지막 열 번째 조건, 네트워크 마케팅에서 취급하는 상품들이 세계적으로 인정받은 품질의 제품이면서 끊임없는 수요를 보장하고 있기 때문입니다.

하버드 창업 10대 기준

1. 자본금 낮고, 투자대비 수익성이 좋아야 한다.

2. 시장 수요가 많고 사람들이 모두 필요로 해야 한다.

3. 중복구매로 이어질 수 있는 소모품이 유리하다.

4. 상품 유통이나 대리점 운영을 고려해 볼만해야 한다.

5. 사업을 유지할 수 있는 자생력이 있어야 한다.

6. 다른 사람의 힘을 빌릴 수 있는 일이어야 한다.

7. 성공인사와 친분을 쌓을 수 있는 일이어야 한다.

8. 삶의 질을 높이고 이상을 실현할 수 있어야 한다.

9. 자신의 천부적인 재능을 발휘할 무대가 있어야 한다.

10. 인정을 받고 끊임없이 수요가 있어야 한다.

이런 이유 때문에 네트워크 사업은 폭발적으로 성장해 가고 있습니다.

여기서 네트워크 마케팅이 가진 3가지 비전을 더 자세히 살펴보기로 합시다.

네트워크 마케팅의 3가지 비전

1. 리스크 감소 (자영업은 투자비용 2억 원)

2. 정년 없는 사업 (시간이 지날수록 유리)

3. 시스템이 수익창출 (현장에 없어도 수익 창출)

앞서 언급했듯이, 자영업은 최소 2억 원 정도를 투자해야 한다고 했습니다. 네트워크 마케팅은 그런 리스크를 짊어질 필요가 없습니다. 다음으로 네트워크 마케팅에는 정년이 없습니다. 오히려 시간이 지날수록 유리한 사업입니다. 마지막으로 네트워크 마케팅은 시스템으로 수익을 창출합니다. 하루 종일 매장에 붙들려 있지 않아도 지속적인 수익을 얻을 수 있는 사업이 바로 네트워크 마케팅입니다.

자존감을 가지고 기회를 잡는다.

네트워크 사업을 시작하고 중도에 탈락하는 이유 중 단연 최고의 이유는 마음의 상처. 즉 자존심이 상하기 때문입니다. 그래서 자존심이 무엇인지를 명확하게 파악하고 대응할 수 있다면 중도탈락은 그만큼 예방 할 수 있습니다.

다른 이들에게 굽히지 않고 자신의 품위를 지키려는 것을 자존심이라고 합니다. 그런데 자존심의 주체는 내가 아닌 남, 곧 다른 이들의 시선을 의식하는 것입니다.

이와 달리 자존감은 자기 자신의 소중함을 스스로 존중하는 것입니다. 그래서 자존감의 주체는 다른 사람이 아닌 나 자신이 됩니다. 자존심과 자존감은 비슷한 말 같지만, 주체가 남이 되느냐 내가 되느냐를 놓고 본다면 이렇게 정반대의 개념이라 할 수 있습니다.

초한지에 등장하는 인물들을 예로 들어봅시다. 귀족출신인 항우는 자존심이 세기로 유명합니다. 그도 그럴 것이 8년 동안 70차례의 전투를 치르는 동안 한 차례도 패하지 않았던 불세출의 영웅이기 때문입니다.

하지만, 사면초가로 잘 알려진 단 한 번의 전투에서 패하면서 사랑하는 여인, 당대 최고의 미인인 우희를 잃게 됩니다. 그 슬픈 내용이 중국의 경극중에 패왕별희라는 것입니다.

항우는 우희를 잃고 도망을 가다가 강을 만납니다. 그 강을 건너지 못하면 항우는 죽음을 피할 수 없는 상황이었습니다. 그런데 그때 장정이라는 사람이 배를 갖고 나타나서, "대왕이시여 이 배에 오르소서. 이 배를 타고 대왕의 나라 강동에 넘어가면 수많은 대군이 기다리고 있으니 다시 와서 유방과 한신을 죽이면 됩니다."

그때 항우가 그런 말을 하죠. "난 배를 안탈 것이다. 내가 지금까지 8년 동안 70번을 싸워서 단 한번도 진적이 없는데, 지금 내가 배를 타고 우리나라에 들어가면 우리나라 사람들이 내가 전쟁에 패한 것을 알것이 아니냐? 나는 자존심 상해서 배를 탈수가 없다."

그말을 하고 항우는 스스로 목숨을 끊고 맙니다. 그때 항우의 나이가 31세였습니다. 사실 항우가 부하의 충언대로 강동으로 피신해 후일을 도모했다면, 충분히 유방을 제압하고 대륙을 통일할 수 있었을 것입니다.

중국의 시인 두보는 이 사건을 시로 남깁니다.

"싸움에 이기고 지는 일은 얼마든지 있을 수 있는 일인데,

31살 젊은 혈기의 항우가 단 한 번만 자존심을 굽혔다면 중국의 역사는 크게 달라졌을 것이다"라고. 만약 그랬다면, 오늘날 중국민족은 한족이 아니라 초족이라고 불렸을지 모릅니다.

이에 반해 자존감이 강한 인물로는 한신을 들 수 있습니다. 몰락한 왕족으로 거지처럼 빌어먹으면서도 늘 큰 칼을 지니고 다녔습니다. 그리고 어느 날인가 시비를 거는 시정잡배의 가랑이 사이를 개처럼 기었다는 굴욕적인 일화의 주인공이기도 합니다.

후일 유방의 휘하에 들어가서 크게 성공한 한신은 금의환향한 뒤, 자신을 괴롭혔던 불량배를 찾아서 무관으로 대우해주고 이렇게 회상합니다.

"내가 그때 부질없는 싸움에 휘말렸었다면, 어쩌면 죄를 짓고 기는 신세가 되었을 것이다. 사람들이 아무리 비웃더라도, 스스로 천하를 주름잡을 큰 그릇이라는 것을 잘 알고 있었기 때문에 어떤 굴욕도 참고 인내할 수 있었던 것이다."

항우가 자신의 가치를 다른 이들의 시선이나 평가에 의존했다면, 한신은 스스로의 가치를 자기 안의 신념에서 발견했다고 할 수 있습니다. 이것이 바로 자존심과 자존감의 차이입니다. 흔히 큰 좌절 없이 순탄한 삶을 살았던 사람들은 자존심이 센 반면, 역경을 이겨내고 성취하는 삶을 사는 사람들은 남다른 자존감을 지닌 경우가 많습니다. 바로 항우와 한신의 차이, 자살로 생을 마감한 항우와 대륙을 통일하는데 큰 역할을 한 한신의 차이는 이런 면에서도 크게 대비됩니다.

여러분은 자신의 가치가 얼마나 된다고 생각하십니까? 혹시 다른 사람들의 시선에 따라 자신의 가치가 결정된다고 생각하고 있지는 않습니까? 그러나 여러분이 아무리 자존심을 중요하다고 생각해도 그것을 똑같이 중요하게 생각해주는 다른 사람은 별로 없습니다. 오늘날 한신의 남긴 위업은 중국 역사에 큰 영향을 남겼지만, 쓸쓸히 죽어간 항우의 흔적은 거의 찾아보기 힘든 것처럼 말입니다.

많은 논란에도 불구하고, 미국 공화당 대선주자로 주목받고 있는 인물이 있습니다. 부동산 재벌로도 잘 알려진 도널드 트럼프는 과거 유명 토크쇼에 출연했을 때 진행자로부터 다음과 같은 질문을 받았다고 합니다.
"만약, 당신이 가지고 있는 모든 것을 잃는다면 어떻게 하겠습니까?"

트럼프는 조금도 망설이지 않고 이렇게 답변합니다.

"좋은 네트워크 회사를 찾아서 당장 사업을 시작하겠다."

순간, 관객석에서는 야유가 터져 나왔습니다. 그러자 거의 동시에 트럼프가 관객석을 향해 이렇게 외칩니다.

"그게 바로 당신이 거기 앉아 있고, 내가 여기 앉아 있는 이유다!"

"Life is matter of C between B to C"
- 인생이란 태어남(Birth)과 죽음(Death) 사이에 놓인 선택(Choice)이다.

프랑스의 철학자 사르트르가 지적했던 것처럼 우리의 인생은 태어나서 죽기까지 선택의 연속으로 이루어집니다. 그리고 모든 성공과 실패는 어떤 선택을 내리느냐에 따라 결정됩니다. 모든 선택의 순간은 바로 지금 뿐입니다. 마치 세상에 태어난 것을 되돌릴 수 없고 죽을 날을 내다볼 수 없는 것처럼, 우리에게는 오로지 현재의 삶을 선택하는 것만이 가능합니다. 잊지 마십시오. 우리의 오늘을 만든 것은 어제의 선택 때문이며, 우리의 내일은 오늘의 선택에 달린 것입니다.

그리스 신화에 나오는 시간의 신은 두 명입니다. 신들의 왕이라고 일컬어지는 제우스의 아버지인 크로노스와 제우스의 아들인 카이로스가 그들입니다. 시간에 관련된 신이라는 점에서는 공통적이지만, 할아버지와 손자가 다른 것처럼 이들 사이에는 분명한 차이가 존재합니다. 먼저 크로노스는 절대적인 시간을 의미합니다. 누구에게나 하루 동안 24시간이 주어집니다. 이것은 인간의 힘으로는 바꿀 수 없는 것입니다. 그런데, 카이로스는 상대적인 시간을 의미하며, 이 상대적 시간은 인간의 선택에 따라 얼마든지 달라질 수 있습니다.

기회의 신 카이로스

조각상에 새겨진 카이로스 신의 모습을 살펴보면 독특한 머리모양을 하고 있습니다. 앞머리는 덥수룩한 장발이면서, 뒷머리는 머리카락 한 올 없는 민머리입니다. 이것은 앞으로 오는 시간은 손에 잡을 수 있지만, 이미 지나간 뒤의 시간은 결코 잡을 수 없음을 상징합니다. 그러므로 지금 당장 기회를 잡을 수 있는 사람만이 자신의 인생을 바꿀 수 있으며, 그렇지 못한 사람은 영원히 시간의 신에게 끌려 다닐 수밖에 없습니다.

나중에 잡을 수 있는 기회란 없습니다. 지금 당장 거머쥐지 않으면, 내일의 기회는 영원히 오지 않습니다. 기회는 언제나 현재에만 존재하는 것입니다. 스스로 선택하지 못하는 시간을 부질없이 흘려보낸다면, 마치 교도소 담장 안에 갇혀 사는 것과 같습니다. 여러분은 모두 자유로울 권리가 있습니다. 여러분이 오늘의 기회 앞에서 더 이상 망설이지만 않는다면, 시간과 돈을 지배하고 스스로 운명을 바꿀 수 있는 참된 자유를 얻게 될 것입니다.

점포사업과 네트워크 사업의 비교

점포사업을 시작하려면 지방에서도 최소 2억 원 정도가 듭니다. 이 비용은 순수한 초기자본에 해당되는 것이고, 만약 사업이 잘 되지 않았을 경우에는 초기자본만큼의 +α까지 손실로 떠안아야 합니다. 앞서 언급했듯이 2억 원을 투자했다면 2+2, 4억 원 정도의 손해를 감수해야 합니다. 물론, 네트워크 사업이라고 해서 리스크가 없을 수는 없습니다. 활동비도 써야 하고, 시간도 들여야 하고, 중간에 그만두게 되었을 때, 주위에서 이런 소리를 들을 수는 있습니다. "그러면 그렇지, 네가 뭘 끝까지 한 적이 어디 한번이라도 있었냐."

수입은 어떻습니까? 100만원도 못 버는 자영업자가 57%, 매일 적자가 나는 경우가 27%, 400이상 버는 사람은 겨우 5.6% 밖에 되지 않습니다. 보통의 경우라면 내가 일한 부분만 수익으로 돌아옵니다. 그런데 네트워크 마케팅에서는 나와 더불어 일하는 파트너들, 여러분이 구축한 라인이 여러분의 수입이 됩니다. 이 사업의 매력이 바로 이 점에 있습니다. 함께 일하는 파트너가 많으면 많을수록 라인이 깊어질수록 수입 역시 계속적으로 확장되는 것입니다.

점포사업의 경우 제품검증을 스스로 해야 합니다. 프랜차이즈 식당이라도 집집마다 음식 맛이 다릅니다. 반면 네트워크 마케팅에서 취급하는 제품들은 이미 그 품질이 검증된 것입니다. 구매빈도는 어떻습니까? 예컨대 자동차를 판매한다면 6~7년이 지나야 새로운 구매가 일어납니다. 그런데, 네트워크 사업에서 주로 취급하는 제품들은 매일 매일 소비가 일어나는 것들입니다. 점포사업도 한 번 물건을 팔면 그만이지만, 네트워크 사업에서는 지속적으로 판매가 이루어집니다. 내가 쓰고, 내가 소개한 사람이 쓰고, 내가 소개한 사람이 다시 소개한 사람도 씁니다. 물건을 쓰면 쓸수록 수익 또한 끊임없이 이어집니다.

열정적으로 네트워크 사업에서 성공하신 분들은 자녀의 장래에도 상당한 관심을 기울입니다. 미국으로 유학 보내 명문 학교를 졸업하게 하고 세계 유수의 회사에서 직장생활을 하도록 돕습니다. 그런데 이분들의 자녀들이 고액의 연봉에도 불구하고 네트워크 마케팅에 관심을 보인다고 합니다. 주변에서 이런 사례를 어렵지 않게 찾아볼 수 있습니다. 큰 회사의 임원이나, 변호사, 혹은 의사라고 해도 직위와 자격이 자녀에게 이어지지 않지만, 네트워크 마케팅의 수익 시스템은 마치 빌딩을 상속받는 것처럼 물려받는 것이 가능하기 때문입니다.

시작하는 사람만 1조 5천 7백 억 원을 받을 수 있다

네트워크 사업은 제품을 소비하는 동시에 수익이 발생하는 구조를 가지고 있습니다, 이것은 누구나 매일 하는 소비 행위를 수익으로 직접 연결시키는 것을 의미합니다.

먼저, 제품을 사용하게 합니다 ─ 1단계. 그리고 지속적으로 사용하게 합니다 ─ 2단계. 그리고 세 번째 단계에 가면 그 제품을 주변에 추천합니다. 여기서 1, 2단계에서는 내가 비용을 지불하는 사용자지만, 3단계에 가면 내가 보상을 받는 사업자가 된다는 것을 알 수 있습니다. 네트워크 사업을 시작하면서 리쿠르팅에 부담을 느끼시는 분들이 많지만, 사실 이런 과정은 자연스럽게 진행되는 것이기 때문에 어렵게만 생각할 문제가 아닙니다.

정리하면 이렇습니다. 제품을 쓴다. 계속해서 쓴다. 그리고 주위 사람에게 좋은 제품을 알려준다. 생각보다 복잡하지 않습니다. 이미 검증된 품질의 제품이기 때문에 한 번 써본 사람들은 계속 쓰게 되고, 또 다른 사람에게 소개하게 되고, 이런 과정이 연쇄적으로 일어나면서 거기서 발생하는 수익을 지속적으로 보상 받는 그런 구조입니다.

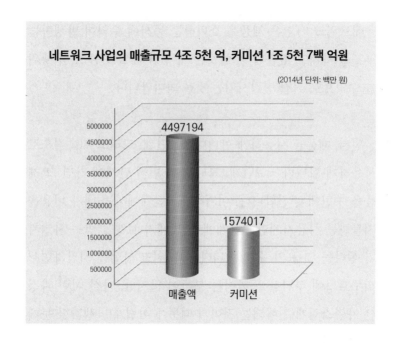

네트워크 사업의 매출규모 4조 5천 억, 커미션 1조 5천 7백 억원

(2014년 단위: 백만 원)

네트워크 사업의 매출 규모를 살펴보도록 합시다. 전체 4조 5천억 원. 우리나라 법률에서 규정하고 있는 35%의 커미션으로 계산해보면, 모두 1조 5천 7백억 원의 수익이 발생했다는 것을 알 수 있습니다. 네트워크 사업의 매출규모나 수익이 워낙 어마어마하니까, 이해를 돕기 위해 라면시장을 예로 들어 봅시다. 우리나라 사람의 라면 사랑은 유명합니다. 1년에 35억 개씩, 한해 매출이 2조원이 넘는 큰 시장입니다. 그런데 네트워크 사업의 규모는 전 국민이 다 먹는 라면시장의 두 배가 훌쩍 넘습니다. 순이익만 놓고 봐도 라면 시장의 전체 매출에 거의 육박할 정도입니다.

지름길의 역설 – 진정성을 가지고 도전하라

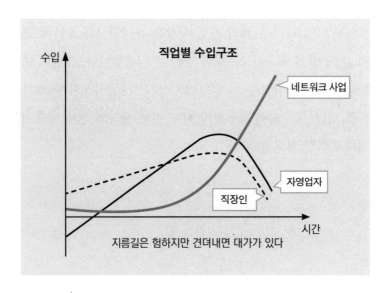

이 그래프는 직업별 수입구조를 나타낸 것입니다. 점선으로 된 곡선은 직장인의 수입구조, 검정색 곡선은 자영업자의 수입구조, 갈색 곡선은 네트워크 사업자의 수입구조를 보여줍니다. 그런데, 네트워크 사업자의 수입구조를 보면 처음에는 오히려 수입이 없거나, 낮은 것을 알 수 있습니다. 그래서 손익분기에 이르는 지점까지는 견뎌내야 합니다. 물론 쉽지 않은 일입니다. 하지만 여러분이 돈에서 자유로워지기 위해서라면 반드시 거쳐야 하는 도전입니다.

네트워크 마케팅은 지름길과 같습니다. 짧지만 험난한 길, 그런 만큼 돌아가지 않아도 되는 길이 지름길입니다. 혼자서 꾸려가기에는 어려운 사업임에 틀림없지만, 여러 사람들이 머리를 맞대고 팀을 이루어 헤쳐 나간다면 극복하지 못할 어려움은 없습니다.

네트워크 사업은 마치 한 여름의 아스팔트 위에 눈을 쌓는 일과도 같습니다. 뜨거운 지면에 닿는 즉시 눈은 녹아버릴 것입니다. 쌓기 쉽지 않겠지만 꾸준하고 묵묵하게 쌓아나갑니다. 그러다 보면, 어느 순간 아스팔트 위의 눈이 더 이상 녹지 않고 쌓이는 시점이 옵니다. 많은 사람들이 큰 뜻을 품고 사업을 시작했다가도, 눈이 몇 번 녹는 것만 보고 너무 쉽게 포기해 버립니다. 이 어려움의 시간을 견뎌내는 사람만이 성공의 결실을 얻을 수 있습니다.

영업사원의 판매 성공률

1회 방문 포기 후 남은 사람	**48%**
2회 방문 포기 후 남은 사람	**25%**
3회 방문 포기 후 남은 사람	**12%**
5회 방문 시 판매 성공	**80%**

어떻게 하면 부자가 될까

영업사원의 판매 성공률을 살펴보면, 한 번 방문했다가 포기하고 남는 사람이 48%, 두 번 방문했다 포기하고 남는 사람이 25%, 세 번 방문했다 포기하고 남는 사람이 12%, 다섯 번 방문했는데 성공하는 사람이 80%입니다. 부자들은 견디는 시간이 오래 될수록 얻는 것이 많다는 것을 잘 알고 있는 사람들입니다. 많은 사람들이 한두 번 시도하다가 포기해 버리기 때문에 가난에서 벗어나지 못하는 것입니다.

네트워크 사업 이야기를 꺼내면 일단 거절부터 하고 보는 사람들이 많습니다. 여러분의 제안을 처음부터 순수하게 받아들이는 사람을 만나기는 쉽지 않을 것입니다. 다만 거절하는 속성 이면에는 한 번 더 설득해 줬으면 하는 이중적인 심리 또한 숨어있기 때문에, 결국 진심으로 다가서는 노력이 거듭될

진정성이 없다면 완전한 성공은 할 수 없다

1. 지속성장을 위해서는 소비자의 신뢰구축이 필수 요건

2. 진정성을 가져라.

3. 정도를 지켜라

때 상대방도 마음을 열게 될 것입니다.

무엇보다 중요한 것은 진정성입니다. 이것은 소비자에게 신
뢰를 구축하는 데에도 꼭 필요한 요소입니다. 정도를 지키려
는 자세는 여러분 자신의 사업에 바람직할 뿐만 아니라, 다른
사업자들에 대한 배려이기도 합니다. 새로운 일을 시작할 때
늦고 빠른 시기는 없습니다. 네트워크 마케팅 시장은 계속 확
장되고 있기 때문에 지금의 도전이 여러분의 인생을 바꿀 수
있는 기회가 될 수 있다는 점을 확신하십시오.

부자들의 두 번째 비밀은 바로 이것입니다. 진정성을 가지
고 끊임없이 도전하십시오.

부자 비밀

2 부자는 도전을 멈추지 않는다

3. 보물지도를 만들어라

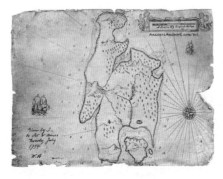

여러분이 꿈을 이루려면 보물지도를 가져야 합니다.

필자는 많게는 일만 명이 넘는 청중을 상대로 강의를 했던 적도 있지만 적게는 1대 1로 강의를 하기도 합니다. 이런 경우는 일종의 멘토링이라고 할 수 있겠는데, 한 번은 지인의 부탁으로 고등학교 2학년 학생인 표슬기 양을 만난 일이 있었습니다.

당신은 어떤 꿈을 가지고 있습니까

슬기는 조기유학을 떠났다가 고등학교를 입학하려고 한국에 들어왔습니다. 구체적인 꿈도 희망도 없는 상태였습니다. 슬기의 부모님은 그런 자녀를 너그럽게 이해하고 산골에 있는 대안학교에 진학하는 것을 허락했다고 합니다.

대학에 가는 것조차 거부하는 슬기에게 삶의 목표를 일깨우기 위해 멘토링을 하는 것은 쉽지 않은 과정이었습니다. 여러 시간 대화를 나누고 자료를 주고받으며, 자신만의 보물지도를 만들고 구체적인 내용을 하나하나 써나가게 했습니다.

어떻게 하면 부자가 될까

인생의 꿈을 어떻게 실현할 것인지 날짜까지 자세하게 기록합니다. 대학 가기 싫다던 아이지만, 목표를 세웠습니다. 고려대 영어교육과에 진학하고 싶고, 홍대에서 공연도 해보고 싶고, 2033년이 되면 자신이 직접 설계한 집에서 살고 싶다고 적었습니다. 꿈이란 본래 시련 속에서 이루어집니다. 슬기 역시 대학입시에 실패하는 또 한 번의 좌절을 겪어야 했습니다.

"슬기야, 실망할 것 없어. 1년 안에 원하는 대학에 가는 것은 최선을 다해도 쉽지 않단다."

낙심한 아이에게 저는 용기를 북돋아 주었습니다.

"너 정말로 대학에 가고 싶어? 그렇다면 조건이 하나 있다."

대학에 떨어진 것이 분했던 슬기는 동그란 눈을 치켜뜹니다.

"뭔데요, 교수님?"

"네가 절대로 포기하면 안 돼. 네 전부를 걸어야 돼. 할 수 있겠니?"

그러자 잠시도 지체 없이, 학생은 꼭 그렇게 하겠다고 다짐합니다.

마침내 이 학생이 합격한 학교들을 확인해 봅시다.

표슬기 합격 대학교

미시건 주립 대학교 (장학금 $ 20,000)
펜실베니아 대학교
보스턴 대학교
퍼듀 대학교
메사츄세츠 주립 대학교 (장학금 $ 40,000)
홍콩폴리텍 대학교
뉴저지주립대 러트거스 대학교
아이오와 주립대학교 (장학금 $ 24,000)
존슨 앤 웨일즈 대학교 (장학금 $ 14,000)
드렉셀 대학교 (장학금 $ 40,000)

미시건 주립대, 펜실베니아대, 보스턴대, 퍼듀대, 메사츄세츠 주립대, 홍콩폴리텍대, 뉴저지 주립대, 아이오와 주립대, 존슨앤웨일즈 주립대, 드렉셀대 총 10개 대학의 합격증을 당당히 거머쥐었습니다.

슬기가 그린 보물지도를 다시 보니까 이런 문구가 또렷하게 적힌 것이 눈에 띕니다.

"나는 오뚜기가 될 거야. 아무리 많이 쓰러져도 다시 일어나는 그런 사람, 포기하지 말자!"

슬기의 이야기는 신문칼럼에도 소개된 적이 있는데, 이 학생은 이렇게 이야기 합니다.

"교수님의 멘토링이 제 인생을 바꾸었어요. 그때 저에게 꿈이 생겼거든요."

꿈을 갖는 것, 인생에 분명한 목표를 갖는 일은 이렇게 중요합니다. 꿈과 목표가 없으면 인생을 헛되이 낭비하게 됩니다. 비록 젊은 사람일지라도 무엇을 이루고야 말겠다는 절실함이 없다면 그의 삶은 이미 죽은 것이나 다름없는 것입니다.

긍정과 부정, 두 마리의 개

여러분들이 만약 다음 세 후보 가운데 한사람에게 투표한다면 누구에게 하고 싶습니까?

> **기호1번 후보〉** 점쟁이와 의논하기 좋아함. 애첩 2명.
> 줄담배에 습관적 과음.
>
> **기호2번 후보〉** 무능과 부패혐의로 공직에서 2번 쫓겨남.
> 대학 때부터 마약. 습관적 과음.
>
> **기호3번 후보〉** 훈장 받은 전쟁영웅. 채식주의자. 담배 안 피움.
> 음주는 맥주 한잔 정도.

아마 대부분의 사람들이 3번 후보에게 호감을 보일 것입니다. 그런데 이 후보들은 실제로 존재했던 정치인이었습니다.

1번이 프랭크린 루즈벨트대통령
2번이 처칠 수상
3번이 히틀러입니다

이런 것을 바로 편견(偏見)이라고 합니다. 저는 편견을 한

자로 쓸 때, 볼 견(見) 자로 안 쓰고 개 견(犬) 자로 씁니다. 사람의 마음속에는 긍정과 부정, 늘 두 마리의 개가 다투고 있습니다. 이 싸움에서 항상 이기는 것은 거의 다 부정입니다. 대부분의 사람들이 부정적인 인식에 매몰되어 있고 늘 자신이 좋아하는 개한테만 밥을 주기 때문에, 마음속의 부정적인 개는 송아지만큼이나 덩치를 키웁니다. 그래서 부정적인 사람은 무슨 일을 하든지 실패를 미리 예약해 둔 것이나 다름없습니다.

노시보 효과, 플라시보 효과

어떤 할아버지가 주무시다가 허리가 너무 아파서 잠을 이루지 못할 정도였습니다. 그래서 할머니를 깨워서 부탁합니다.

"할멈, 미안한데 허리에 파스 좀 붙여줘. 도저히 잠을 못 자겠어."

할머니가 졸린 눈을 비비며 파스를 찾아서 할아버지 허리에 붙여 드렸습니다.

얼마 지나지 않아 약효가 돌았는지 할아버지는 화장실도 잘 다녀오시고 다시 잠자리에 들 수 있었습니다. 그런데 날이 밝자, 할머니는 할아버지의 허리께를 보고 깜짝 놀랐습니다.

할아버지 허리에 중국집 스티커가 붙어 있었기 때문입니다. 가뜩이나 어두운 눈으로, 잠이 덜 깬 바람에 할머니는 홍콩반점 스티커를 파스로 잘못 보았던 것입니다.

그런데 할아버지의 허리는 도대체 왜 나았을까요? 플라시보 효과. 할아버지는 중국집 스티커를 파스라고 생각한 것입니다. 성공과 실패도 이와 같습니다. 부자들은 이런 마음가짐을 가지고 있습니다. 저 빌딩은 이미 내 것이나 다름없다. 왜냐

하면 내 보물지도에 분명히 표시되어 있는 것이니까. 뚜렷한 목표를 가질수록 성취의 가능성도 그만큼 높아집니다.

  부자들이 쉽게 포기하지 않는 것은 자신의 꿈을 이룰 분명한 지도를 가졌기 때문입니다.
  부자의 비밀 세 번째는 바로 이것입니다. 이제 여러분의 보물지도를 만드십시오.

부자 비밀

| 3 | 부자는 보물 지도를 갖고 있다. |

4. 인맥을 구축하라

우리의 인생은 누구를 만나느냐에 따라 크게 달라집니다. 알다시피 부자들은 풍부한 인맥을 가지고 있습니다. 이렇게 인간관계가 인생에 미치는 영향을 책으로 쓴 하버드 교수들이 있습니다. [커넥티드]라는 책의 내용은 불행한 사람은 불행한 사람끼리, 행복한 사람은 행복한 사람끼리 모인다는 결론으로 요약됩니다.

● 회색: 불행한 사람
● 검은색: 행복한 사람

회색 점들은 불행한 사람들을 표시한 것입니다. 검은색 점은 행복한 사람들을 표시한 것입니다. 각각의 성향들은 서로 뭉쳐있고, 잘 섞이지 않는다는 것을 확인할 수 있습니다.

행복과 불행의 전염

"인간관계를 수학적으로 분석한 결과, 직접 연결된 사람(친구)이 행복할 경우 당사자가 행복할 확률은 약 15% 더 높아진다. 2단계 거리에 있는 사람(친구의 친구)에 대한 행복 확산 효과는 10%이고, 3단계 거리에 있는 사람 (친구의 친구의 친구)에 대한 행복 확산 효과는 약 6%였다. 그리고 4단계에서는 그 효과가 거의 사라진다."

물론 이 규칙은 행복에만 국한되지 않고 불행에도 똑같이 적용됩니다. 이것은 우리의 삶이 다른 사람들에 의해 지대하게 영향 받는 것을 의미합니다. 그래서 [커넥티드]의 저자들은 단순히 친구가 많은 것은 소용이 없고, 얼마나 행복한 친구를 많이 갖느냐에 따라 더불어 행복해 질 수 있다고 이야기합니다.

행복한 친구를 만나라

1단계 : 내 친구가 행복하면	15%
2단계 : 친구의 친구가 행복하면	10%
3단계 : 친구의 친구의 친구가 행복하면	6%

좋은 인맥을 가지려면 사람들에게 먼저 베푸는 마음가짐이 필요합니다. 이런 마음가짐은 어떤 조건도 없는 순수한 것이어야 합니다. 여러분의 선의가 점차 주위 사람들의 마음을 움직이면, 여러분은 어려울 때 의지할 수 있는 꼭 필요한 사람으로 각인 될 것입니다. 도움이 필요한 사람에게 아낌없이 베푸는 일이야말로 신망을 쌓는데 더 없이 좋은 선행입니다. 은혜에는 반드시 보답하고 때때로 감동을 선물하면서 주위의 사람들을 행복하게 하십시오.

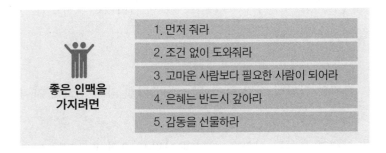

좋은 인맥을 가지려면

1. 먼저 줘라
2. 조건 없이 도와줘라
3. 고마운 사람보다 필요한 사람이 되어라
4. 은혜는 반드시 갚아라
5. 감동을 선물하라

부자들이 마침내 성공할 수 있는 것은 좋은 친구가 있기 때문입니다. 부자들의 네 번 째 비밀은 바로 이것입니다. 행복한 친구를 많이 만드십시오.

부자 비밀

4 **부자는 좋은 인맥을 갖고 있다.**

5. 다른 시각을 가져라

부자들은 보통 사람들과 다른 시각을 가진 경우가 많습니다. 돈에 대한 개념부터 남달라서 돈은 소비하기 위한 것이 아니라 투자하기 위한 것이라고 생각합니다. 부자는 투자하는 일에 있어서만큼은 돈을 아끼지 않습니다. 투자에 돈을 쓰면 쓸수록 돈의 가치가 줄어드는 것이 아니라, 오히려 늘어나게 되는 원리를 잘 알기 때문입니다. 보통사람들이 여유자금이 생기면 차를 바꾸거나 사치품을 사는데 써버리는 것과는 보기 좋게 비교됩니다.

부자와 가난한 사람 사이에는 대략 다섯 가지 정도의 차이가 있습니다.

첫째로 부자는 성공에, 가난한 사람은 오락에 초점을 맞춥니다.

둘째로 부자는 신문을 읽고, 가난한 사람은 TV를 봅니다.

셋째로 부자는 조용하고, 가난한 사람은 시끄럽습니다.

넷째로 부자는 깨끗하고, 가난한 사람은 지저분합니다.

다섯째로 부자는 투자하고, 가난한 사람은 소비합니다.

그 어떤 부자도 처음부터 자기가 원하는 걸 가지고 있지 않았습니다. 부자들이 빌딩을 소유하고 넓은 집에 살면서 좋은 차를 타고 다니는 것은 다른 시각을 가지고 남들이 보지 못한 것을 보았기 때문입니다. 여러분이 늘 생각해 왔던 대로, 언제나 똑같은 시각만을 고집한다면, 남보다 뛰어날 수 없고 결코 부자도 될 수 없을 것입니다.

부자들의 다섯 번 째 비밀은 바로 이것입니다. 다른 사람들이 보지 못하는 것을 보십시오.

부자 비밀

| 5 | 부자는 다른 시각을 갖고 있다 |

이제까지 살펴본 다섯 가지 요소들로 마음을 다잡고 기회를 잡는다면 여러분 모두가 행복한 부자가 될 수 있을 것입니다. 이 오행시를 항상 기억하면서 일상적으로 활용하십시오. 그리고 선택의 시간이 언제나 주어지는 것은 아니라는 점 또한 잊지 마십시오. 오직 현재만이 여러분의 것입니다. 필자 역시 여러분의 성공을 응원하고 기도합니다. 감사합니다.

부자의 5가지 비밀

돈	돈의 기능을 인정하라
도	도전하라
보	보물지도를 만들어라
인	인맥을 구축하라
다	다른 시각을 가져라

부자의 5가지 비밀

1판 1쇄 찍음 2016년 8월 2일
2판 1쇄 펴냄 2023년 9월 13일

지 은 이 송진구
펴 낸 이 배동선
          마케팅부/최진균
펴 낸 곳 아름다운사회
출판등록 2008년 1월 15일
등록번호 제2008-1738호
주   소 서울시 강동구 양재대로 89길 54 202호(성내동) (우: 05403)
대표전화 (02)479-0023
팩   스 (02)479-0537
E-mail assabooks@naver.com
블 로 그 http://blog.naver.com/assabooks

ISBN : 978-89-5793-190-5   03320
값 6,000원